bambino LÜK

westermann

AB 3 JAHREN

Ich freue mich auf den Kindergarten

I look forward to nursery school

La joie d'aller à l'école maternelle

La alegría de ir a la guardería

LERNSPIEL

Spielanleitung Instructions
Instruction Instrucciónes

So einfach spielst du bambinoLÜK:
Öffne das bambinoLÜK-Kontrollgerät und lege es auf dein aufgeschlagenes bambinoLÜK-Heft. Lege die sechs Plättchen mit den Symbolen nach oben auf die Aufgaben mit den gleichen Symbolen, also das Plättchen mit dem roten Symbol „Haus“ auf die Aufgabe mit dem roten Symbol „Haus“ oben links in der Ecke.
Wenn die Plättchen auf den Aufgaben liegen, nimmst du das Plättchen mit dem Symbol „Haus“ und siehst dir die Aufgabe an, auf der das Plättchen lag.
Welches Bild auf der unteren Seite passt wohl dazu? Lege das Plättchen auf dieses passende Bild. Mach es ebenso mit den anderen fünf Plättchen und Aufgaben.
Schließe dann das bambinoLÜK-Kontrollgerät und drehe es nach oben um.
Jetzt siehst du das bei der Übung abgebildete Lösungsmuster.

It's easy to play with bambinoLÜK:

Open the bambinoLÜK control unit und place it on the open bambinoLÜK workbook. Put the six tiles symbol side up on the exercises with the same symbol, for example the tile with the red symbol 'house' on the exercise with the red symbol 'house' on the upper left hand corner.
When you have placed all the tiles on the exercises, take up the tile with the symbol 'house' and look at the exercise on which it was placed. Which picture underneath matches it? Put the tile on the matching picture. Repeat for the other five tiles and exercises. Close the control unit and turn it over. Now you can see the pattern.

Does it look good? Great! **And now have fun!**

Jouer avec bambinoLÜK, c'est tout simple:

Ouvre l'unité de contrôle bambinoLÜK et place-la sur le cahier bambinoLÜK ouvert. Place les six cartes symboles découverts sur les exercices avec les symboles correspondants, donc la carte symbole rouge «maison» sur l'exercice avec le symbole rouge «maison» en haut à gauche.
Quand tu as placé les cartes, tu prends la carte symbole «maison» et tu examines l'exercice correspondant. Quelle image située en dessous correspond à cet exercice? Pose la carte sur l'image correspondante. Continue de la même façon avec les cinq cartes et exercices suivants! Puis, ferme l'unité de contrôle bambinoLÜK et tourne-la vers le haut. Maintenant tu peux comparer le dessin de la solution avec celui dans le cahier.

Tout est exact? Très bien! **Amuse-toi bien avec bambinoLÜK!**

Así jugamos con bambinoArco:

Abre el cuaderno y coloca el estuche abierto sobre él, alineando los cua-drados del estuche con los del cuaderno. Coloca las fichas con el símbolo hacia arriba en la tapa y en la casilla del cuaderno con el mismo símbolo; por ejem-plo, la ficha con el "coche" sobre el "coche" en el cuaderno. Ahora toma la ficha "casa" y mira el ejercicio en el cual estaba situada. ¿Qué dibujo se repite abajo? Coloca la ficha en la parte inferior del estuche, sobre el mismo dibujo. Repite la operación con las otras cinco fichas. Cierra el estuche y gíralo. Ahora podrás ver que se forma un dibujo, si coincide con el del libro has respondido correctamente, si no repite otra vez el proceso con las fichas equivocadas.

¡Y ahora diviértete!

Autor dieses Heftes: Michaël Junga, Illustrationen: Frank Bayer
Druck und Verarbeitung: westermann druck GmbH, Braunschweig

Georg-Westermann-Allee 66, 38104 Braunschweig, service@westermann.de
10. Auflage 2025 ISBN 978-3-89414-**645**-0
FSC MIX Papier FSC® C009717

1

2

3

4

5

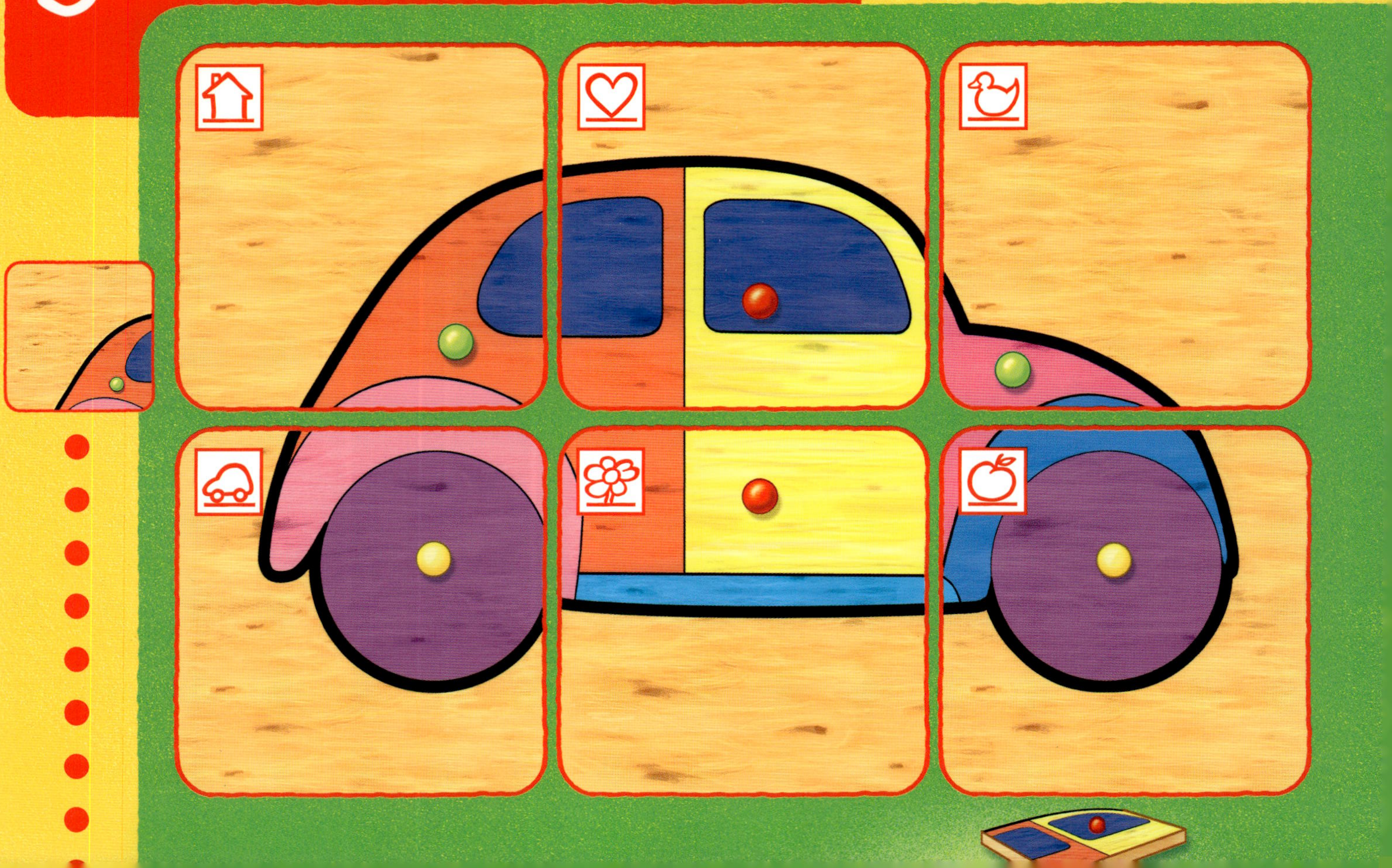

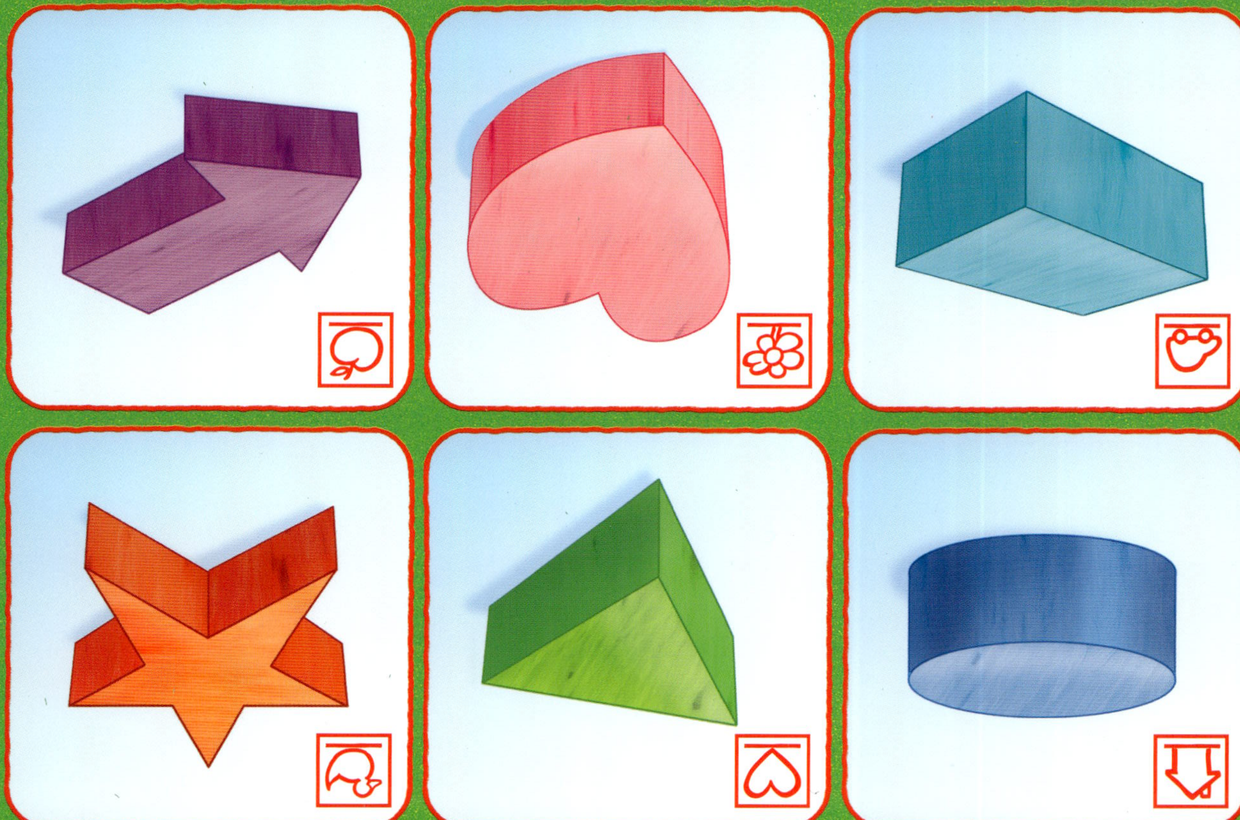

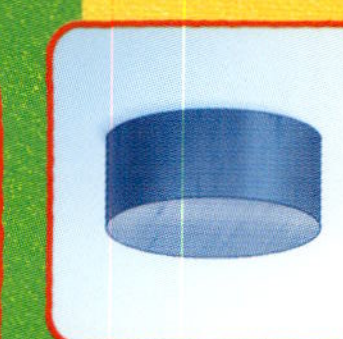

7

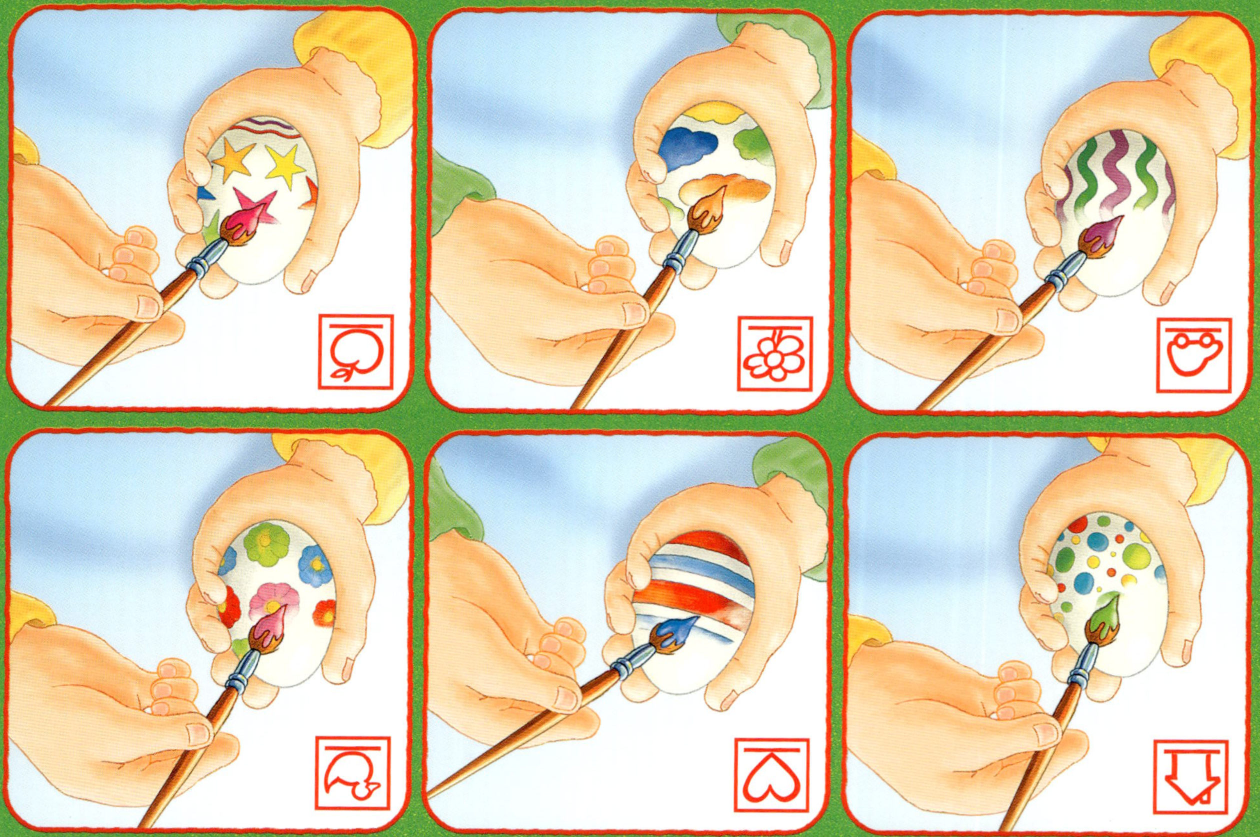

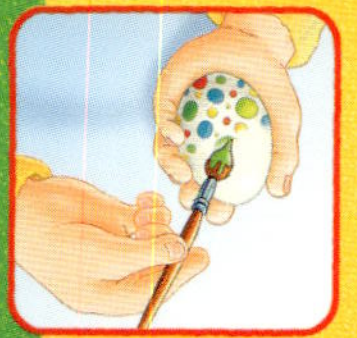

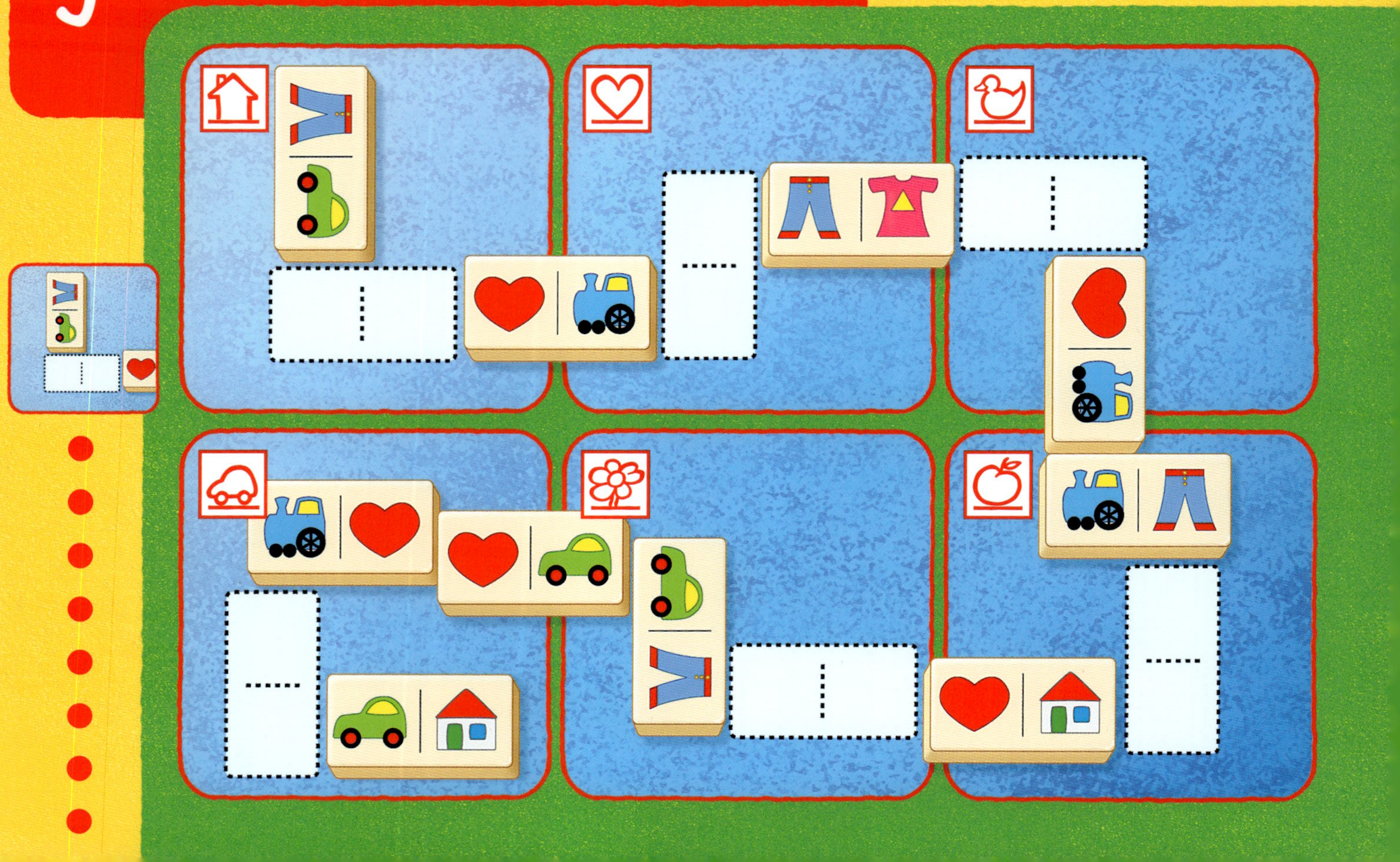

10

11

Inhalt Content
Table des matières Índice

Die altersgerechten Übungen aus der Welt der Kinder fördern optimal die Konzentrationsfähigkeit, die genaue Beobachtung und das logische Denken als Grundfertigkeiten für erfolgreiches Lernen in der Schule.

These age based exercises with examples from a child's world are designed to promote concentration, accurate observation and logical thought as basic abilities for successful learning at school.

Les exercices adaptés à l'âge de l'enfant reflétant son monde renforcent d'une manière optimale les capacités de concentration, d'observation précise et de réflexion logique, ce qui permet un apprentissage plus facile à l'école.

Los ejercicios inspirados en el mundo infantil y adaptados a la edad adecuada ayudan a desarrollar la capacidad de concentración, de observación y el pensar logicamente como capacidades base para el aprendizaje con éxito en el colegio.

bambino LÜK

westermann

WWW.LUEK.DE

Plättchen für Plättchen zum Erfolg!
Mit dem bambinoLÜK-Kontrollgerät.

- Einfache Übungen ohne Text zur Förderung des genauen Beobachtens, Vergleichens und Zuordnens. Von Kindern selbst zu lösen.
- Simple exercises without texts to be completed by children without supervision: to encourage accurate observation, comparing and relating things to each other.
- Exercices simples, sans textes, à résoudre par les enfants eux-mêmes. Encourage à observer avec précision, à comparer, classer
- Ejercicios sencillos sin texto, para ser resueltos por los niños sin necesidad de supervisión. Desarrollan la capacidad de observación relacionando y comparando objetos similares.

Ich freue mich auf den Kindergarten
ISBN 978-3-89414-645-0

9 783894 146450